L'ARC-EN-CIEL DE VINCENT / VINCENT'S RAINBOW

Learn Colors in French and English with Van Gogh

by Oui Love Books

ODÉON LIVRE
CHICAGO
2018

odeonlivre.com

A Note on Colors

In French, an adjective's spelling is influenced by its corresponding subject. "Green" will always be "green" in English; in French, however, "vert" can also be "verte" and "vertes". The "e" is added when the subject is feminine, the "es" when both plural and feminine, and simply "s" when plural and masculine.

A color whose name ends with "e" (jaune, rose, rouge) is unaffected by the gender of a subject. The addition of an "s" still applies should the subject be plural.

Red are the cows.
Yellow is the sky.
Green is the grass.

Rouges sont les vaches.
Jaune est le ciel.
Verte est l'herbe.

The Cows / Les Vaches

red	rouge	the cows	les vaches
yellow	jaune	the sky	le ciel
green	vert	the grass	l'herbe

Blue is the jacket.
Blue is the wall.
Blue are the flowers.
Red is the table.
Green are the leaves.

Bleue est la veste.
Bleu est le mur.
Bleues sont les fleurs.
Rouge est la table.
Vertes sont les feuilles.

Portrait of Dr. Gachet II / Portrait du docteur Gachet avec branche de digitale II

blue	bleu	the jacket the wall the flowers	la veste le mur les fleurs
red	rouge	the table	la table
green	vert	the leaves	les feuilles

Yellow are the boats.
Yellow is the sand.
Green are the boats.
Blue is the sky.
Blue is the water.
Red are the boats.

Jaunes sont les bateaux.
Jaune est le sable.
Verts sont les bateaux.
Bleu est le ciel.
Bleue est l'eau.
Rouges sont les bateaux.

Fishing Boats on the Beach at Saintes-Maries / Bateaux de pêche sur la plage

yellow	jaune	the boats the sand	les bateaux le sable
green	vert	the boats	les bateaux
blue	bleu	the sky the water	le ciel l'eau
red	rouge	the boats	les bateaux

Red are the apples.
Green is the pear.
Yellow are the lemons.
Purple are the grapes.

Rouges sont les pommes.
Vertes sont les poires.
Jaunes sont les citrons.
Violets sont les raisins.

Grapes, Lemons, Pears, and Apples / Nature morte avec pommes, poires, citrons et raisins

red	rouge	the apples	les pommes
green	vert	the pears	les poires
yellow	jaune	the lemons	les citrons
purple	violet	the grapes	les raisins

Green is the grass.
Green are the leaves.
Brown is the ground.
Blue are the flowers.

Verte est l'herbe.
Vertes sont les feuilles.
Brun est le sol.
Bleues sont les fleurs.

Irises / Irises

green	vert	the grass the leaves	l'herbe les feuilles
brown	brun	the ground	le sol
blue	bleu	the flowers	les fleurs

Orange are the grapes.
Yellow is the river.
Yellow is the sky.
Green are the trees.
Blue is the river.

Oranges sont les raisins.
Jaune est le fleuve.
Jaune est le ciel.
Verts sont les arbres.
Bleu est le fleuve.

The Red Vineyard / La Vigne rouge

orange	orange	the grapes	les raisins
yellow	jaune	the river the sky	le fleuve le ciel
green	vert	the trees	les arbres
blue	bleu	the river	le fleuve

Yellow is the grass.
Purple is the rain.
Purple are the houses.
Purple is the sky.
Green are the trees.

Jaune est l'herbe.
Violette est la pluie.
Violettes sont les maisons.
Violet est le ciel.
Verts sont les arbres.

Landscape at Auvers in the Rain / Paysage d'Auvers sous la pluie

yellow	jaune	the grass	l'herbe
purple	violet	the rain the houses the sky	la pluie les maisons le ciel
green	vert	the trees	les arbres

Green are the leaves.
Blue is the sky.
Yellow is the grass.

Vertes sont les feuilles.
Bleu est le ciel.
Jaune est l'herbe.

Olive Trees / Champ d'oliviers

green	vert	the leaves	les feuilles
blue	bleu	the sky	le ciel
yellow	jaune	the grass	l'herbe

Blue is the wall.
Green are the branches.
White are the flowers.

Bleu est le mur.
Vertes sont les branches.
Blanches sont les fleurs.

Almond Blossoms / Amandier en fleurs

blue	bleu	the wall	le mur
green	vert	the branches	les branches
white	blanc	the flowers	les fleurs

Green is the floor.
Yellow are the pillows.
Yellow are the chairs.
Yellow is the window.
Blue are the walls.
Red is the blanket.
Red is the bed.
Red is the table.

Vert est le plancher.
Jaunes sont les coussins.
Jaunes sont les chaises.
Jaune est la fenêtre.
Bleus sont les murs.
Rouge est la couverture.
Rouge est le lit.
Rouge est la table.

Bedroom in Arles / La Chambre à Arles II

green	vert	the floor	le plancher
yellow	jaune	the pillows the chairs the window	les coussins les chaises la fenêtre
blue	bleu	the walls	les murs
red	rouge	the blanket the bed the table	la couverture le lit la table

Blue is the sky.
Blue are the hills.
Yellow are the stars.
Yellow is the Moon.
Yellow are the windows.
Green are the trees.

Bleu est le ciel.
Bleues sont les collines.
Jaunes sont les étoiles.
Jaune est la Lune.
Jaunes sont les fenêtres.
Verts sont les arbres.

The Starry Night / La Nuit étoilée

blue	bleu	the sky	le ciel
		the hills	les collines
yellow	jaune	the stars	les étoiles
		the Moon	la Lune
		the windows	les fenêtres
green	vert	the trees	les arbres

Yellow are the flowers.
Yellow is the vase.
Yellow is the table.
Yellow is the wall.
Green are the stems.
Green are the leaves.

Jaunes sont les fleurs.
Jaune est le vase.
Jaune est la table.
Jaune est le mur.
Vertes sont les tiges.
Vertes sont les feuilles.

Sunflowers / Les Tournesols

yellow	jaune	the flowers the vase the table the wall	les fleurs le vase la table le mur

green	vert	the stems the leaves	les tiges les feuilles

Yellow is the sun.
Yellow is the sky.
Yellow is the ground.
Blue are the flowers.
Blue is the house.
Blue are the trees.
Orange is the person.
Orange are the flowers.
Orange is the wheat.
Green are the leaves.

Jaune est le soleil.
Jaune est le ciel.
Jaune est le sol.
Bleues sont les fleurs.
Bleue est la maison.
Bleus sont les arbres.
Orange est la personne.
Oranges sont les fleurs.
Orange est le blé.
Vertes sont les feuilles.

The Sower at Sunset / Le semeur au soleil couchant

yellow	jaune	the sun	le soleil
		the sky	le ciel
		the ground	le sol
blue	bleu	the flowers	les fleurs
		the house	la maison
		the trees	les arbres
orange	orange	the person	la personne
		the flowers	les fleurs
		the wheat	le blé
green	vert	the leaves	les feuilles

Pink are the leaves.
Pink are the clouds.
Blue is the sky.
Blue is the snow.
Yellow is the light.

Roses sont les feuilles.
Roses sont les nuages.
Bleu est le ciel.
Bleue est la neige.
Jaune est la lumière.

Pink Peach Tree, Souvenir to Mauve / Pêcher en fleur (Souvenir de Mauve)

pink	rose	the leaves	les feuilles
		the clouds	les nuages

blue	bleu	the sky	le ciel
		the snow	la neige

| yellow | jaune | the light | la lumière |

Green is the ceiling.
Green are the tables.
Yellow is the floor.
Yellow are the lights.
Yellow are the chairs.
Red are the walls.

Vert est le plafond.
Vertes sont les tables.
Jaune est le plancher.
Jaunes sont les lumières.
Jaunes sont les chaises.
Rouges sont les murs.

The Night Café / Le Café de nuit

green	vert	the ceiling	le plafond
		the tables	les tables
yellow	jaune	the floor	le plancher
		the lights	les lumières
		the chairs	les chaises
red	rouge	the walls	les murs

CPSIA information can be obtained
at www.ICGtesting.com
Printed in the USA
LVHW061709011219
638524LV00002B/80/P

9 781947 961357